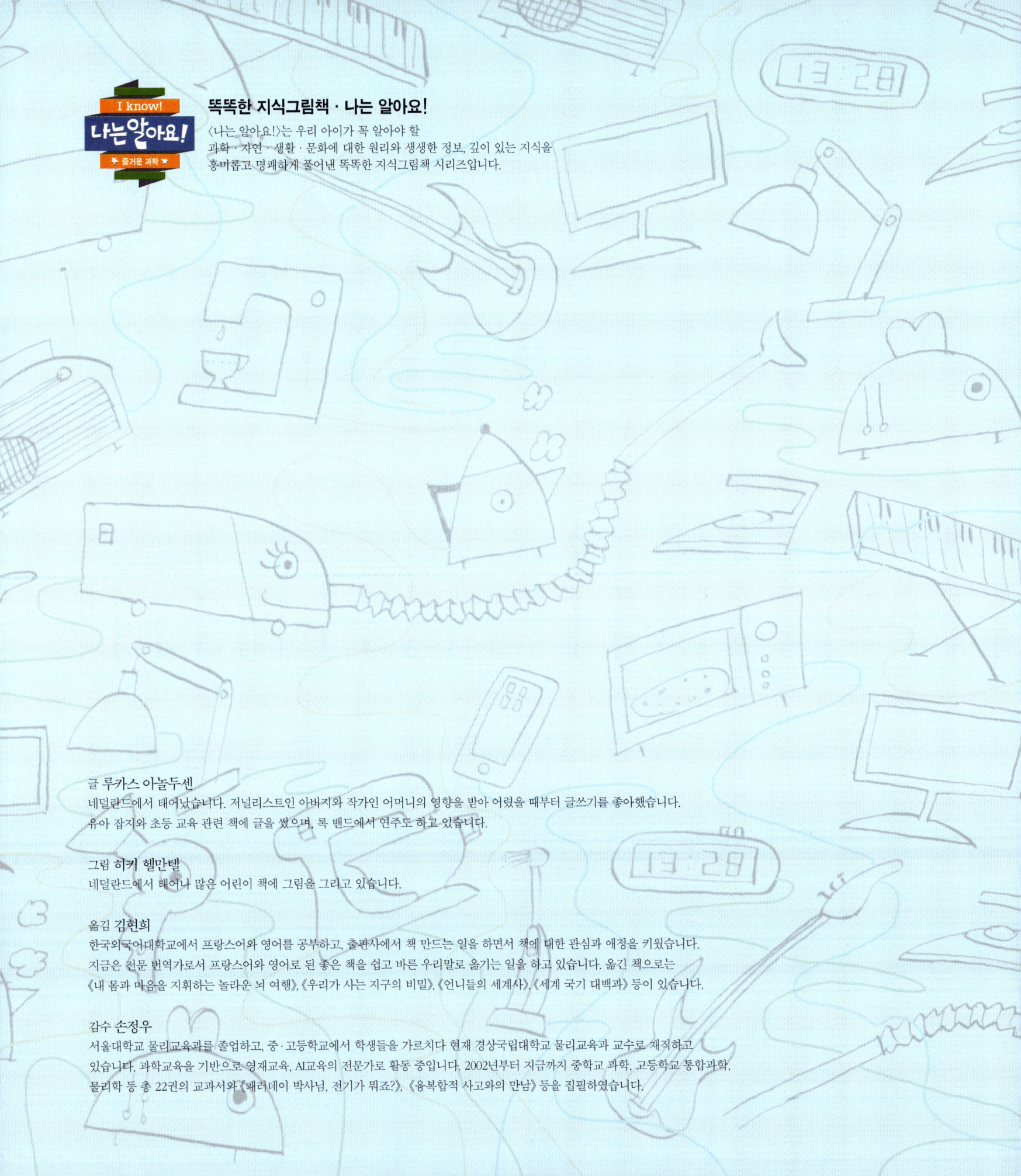

I know! 나는 알아요! 즐거운 과학

똑똑한 지식그림책 · 나는 알아요!

〈나는 알아요!〉는 우리 아이가 꼭 알아야 할
과학·자연·생활·문화에 대한 원리와 생생한 정보, 깊이 있는 지식을
흥미롭고 명쾌하게 풀어낸 똑똑한 지식그림책 시리즈입니다.

글 루카스 아놀두센
네덜란드에서 태어났습니다. 저널리스트인 아버지와 작가인 어머니의 영향을 받아 어렸을 때부터 글쓰기를 좋아했습니다.
유아 잡지와 초등 교육 관련 책에 글을 썼으며, 록 밴드에서 연주도 하고 있습니다.

그림 히키 헬만텔
네덜란드에서 태어나 많은 어린이 책에 그림을 그리고 있습니다.

옮김 김현희
한국외국어대학교에서 프랑스어와 영어를 공부하고, 출판사에서 책 만드는 일을 하면서 책에 대한 관심과 애정을 키웠습니다.
지금은 전문 번역가로서 프랑스어와 영어로 된 좋은 책을 쉽고 바른 우리말로 옮기는 일을 하고 있습니다. 옮긴 책으로는
《내 몸과 마음을 지휘하는 놀라운 뇌 여행》,《우리가 사는 지구의 비밀》,《언니들의 세계사》,《세계 국기 대백과》 등이 있습니다.

감수 손정우
서울대학교 물리교육과를 졸업하고, 중·고등학교에서 학생들을 가르치다 현재 경상국립대학교 물리교육과 교수로 재직하고
있습니다. 과학교육을 기반으로 영재교육, AI교육의 전문가로 활동 중입니다. 2002년부터 지금까지 중학교 과학, 고등학교 통합과학,
물리학 등 총 22권의 교과서와 《패러데이 박사님, 전기가 뭐죠?》,《융복합적 사고와의 만남》 등을 집필하였습니다.

나는 알아요!
★ 즐거운 과학 ★

전기와 에너지

글 루카스 아놀두센 그림 히키 헬만텔 옮김 김현희 감수 손정우

사파리

우리는 날마다 전기를 사용해요.
집 안에는 수많은 전기 제품들이 있어요.
텔레비전, 청소기, 노트북 컴퓨터, 스마트폰….
전기 제품은 꼭 전기가 있어야 쓸 수 있지요.
콘센트에 플러그를 꽂고 전원을 눌러 보아요.
그러면 전기가 전선을 타고 들어와
텔레비전을 볼 수 있답니다.

전기가 끊어지는 걸 '정전'이라고 해요.
정전이 되면 콘센트에 연결된 전기 제품을 사용할 수 없어 불편해요. 전등도 켤 수 없어 깜깜하지요.

전기 기타

장난감 자동차

라디오

꼬마지식

전기 제품을 사용하려면 플러그를 콘센트에 꽂아야 해요. 콘센트에는 계속 전기가 흐르고 있어서 손가락으로 만지거나 젓가락을 넣으면 절대 안 돼요! 전기가 몸에 닿으면 감전이 일어나 아주 위험하거든요.

전기가 없었을 때

사람들은 오랫동안 전기 없이 살았어요.
전기가 없었을 땐 장작불을 지펴 요리했지요.

전등 대신 촛불을
켜 어둠을 밝혔어요.

세탁기 대신
손으로 빨래를
했어요.

꼬마지식

자연에서도 전기가 만들어져요.
바로 구름과 구름, 구름과 땅 사이에서
번쩍하고 불꽃이 일어나는 번개랍니다.

꼬마지식

'에너지'는 사람이나 기계가 움직일 수 있는 능력을 말해요. 전등에 불을 켜거나 자동차를 움직일 때도 에너지를 이용하지요. 전기 에너지, 열에너지, 운동 에너지 등 다양한 에너지가 있어요.

사람들은 더 편하고 쉽게 일하기 위해 갖가지 기계와 장치를 발명했어요. 말이 끄는 마차를 타면 시간이 오래 걸리지만, 증기 기관차가 발명된 뒤로는 훨씬 빨리 갈 수 있게 되었거든요.

새로운 발명품을 움직이려면 에너지가 필요했어요. 그래서 사람들은 죽은 생물이 오랜 시간 땅속에 묻혀 굳어진 석탄, 석유, 천연가스 등의 화석 연료를 이용하기 시작했지요. 화석 연료를 태우면 에너지를 얻을 수 있고, 그 에너지로 기계를 움직이거나 사용할 수 있어요.

가스레인지는 가스를 연료로 사용해요. 가스는 불이 쉽게 붙고 잘 타지요.

증기 기관차는 석탄을 태워 뜨거워진 증기의 힘으로 움직여요.

자동차는 주로 석유를 사용해 왔는데, 전기로 움직이는 자동차가 발명되었어요. 전기를 만들 때도 에너지가 필요해요!

에너지와 환경

세계 인구는 점점 더 늘어나고 있어요.
사람들이 사용하는 전기 제품도 점점 많아지고 있어요.
전기 제품을 사용하려면 전기 에너지가 필요한데
많은 경우, 화석 연료를 태워서 전기를 만들어요.

하지만 화석 연료는 한정되어 있어요.
또 화석 연료를 태울 땐 사람과 동식물에
해로운 오염 물질이 많이 나오지요.

산성비

화석 연료를 태우면 공기 중으로 여러
오염 물질이 나오고 수증기와 만나
산성 물질이 돼요. 이 물질은 구름 속
물방울에 녹아 있다가 산성을 띤 산성비로
내리게 되지요. 산성비는 식물의 성장을
방해하고 동물들에게도 피해를 주어요.

스모그

자동차 배기관이나 공장 굴뚝에서 나오는 연기를 본 적 있나요? 이렇게 화석 연료가 타면서 생긴 연기로 대기가 안개처럼 덮인 것을 '스모그'라고 해요. 스모그가 심하면 사람과 동물이 호흡하기 힘들고, 심하면 여러 가지 병에 걸리지요.

지구 온난화

석유나 석탄 같은 화석 연료 사용이 늘어날수록 점점 더 많은 온실 기체가 지구를 둘러싸게 돼요. 그럼 공기 중의 열이 우주로 빠져나가지 못해 지구의 평균 온도가 점점 올라가게 되지요. 이를 '지구 온난화'라고 해요. 지구 온도가 올라가면 빙하가 녹아 해수면이 올라가요. 또 홍수와 폭풍, 폭염, 사막화 같은 기후 이상으로 많은 동식물이 사라지지요.

재생 에너지

땅속 화석 연료의 양은 점점 줄어들고, 환경 오염도 심각해지고 있어요.
그렇다고 편리한 전기 제품을 쓰지 않을 수는 없어요.

다행히 환경을 오염시키지 않는 **재생 에너지**도 있어요.
자연의 바람을 이용하는 풍력 에너지, 태양의 빛과 열을 이용하는
태양 에너지, 물이 떨어지는 힘으로 얻는 수력 에너지 등이에요.

풍력 에너지는 바람의 힘으로 전기를 만들어요.
바람으로 마치 커다란 바람개비처럼 보이는
풍력 발전기의 날개를 돌려 전기를 만들지요.

태양 에너지는 태양열과 태양광으로 얻을 수 있어요.
태양열을 모아 열에너지로 바꾸고,
태양광을 전기 에너지로 바꾸어 사용하지요.

꼬마지식

'재생 에너지'는 다시 사용할 수 있는 에너지예요.
'신에너지'는 새로운 기술로 화석 연료를 대신하는 에너지를 가리켜요.
이 두 에너지를 합쳐 '신재생 에너지'라고 하지요.

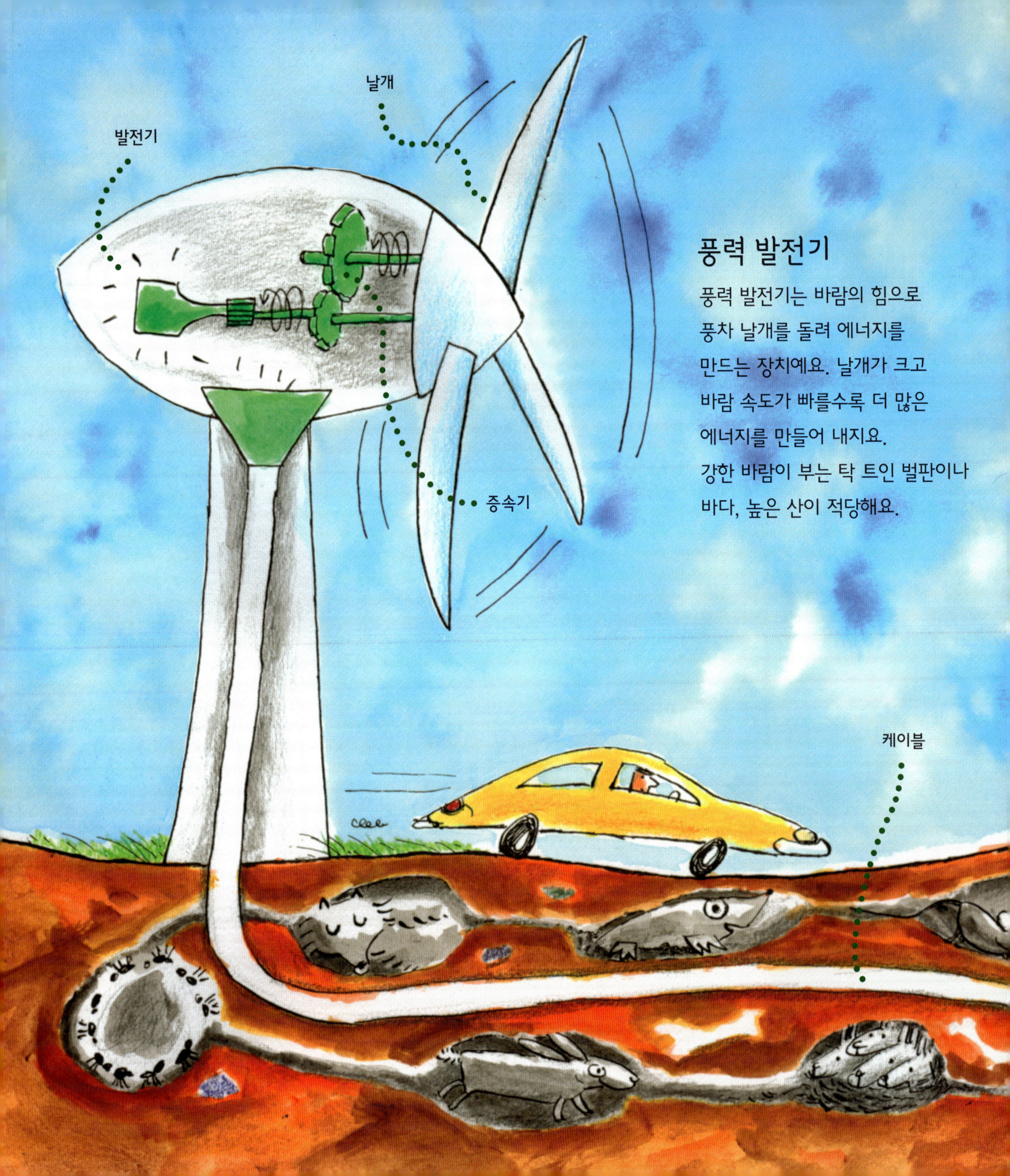

풍력 발전기

풍력 발전기는 바람의 힘으로 풍차 날개를 돌려 에너지를 만드는 장치예요. 날개가 크고 바람 속도가 빠를수록 더 많은 에너지를 만들어 내지요. 강한 바람이 부는 탁 트인 벌판이나 바다, 높은 산이 적당해요.

발전기
날개
증속기
케이블

꼬마지식

자전거로도 전기 에너지를 만들 수 있어요.
자전거 발전기는 자전거 페달을 밟는 힘으로
발전기가 작동해 전기가 만들어지는 원리예요.
열심히 페달을 돌리면 에어컨도
사용할 수 있답니다.

풍력 발전기는 날개와 증속기, 발전기 등으로 이루어져 있어요.
커다란 날개가 바람에 돌아가면 날개와 연결되어 있는 증속기로
힘이 전달돼요. 그 힘이 발전기를 돌려 전기를 만들지요.
이렇게 만들어진 전기는 케이블을 통해 변압기로 모아져요.

태양 전지

태양 전지는 태양 빛을 받아 전기를 만들어 내는 장치예요.
이 장치는 반도체를 이용해서 만들어요.
태양 전지에 있는 반도체는 대부분 모래나 암석에 많이
들어 있는 실리콘으로 만들지요.

태양 전지는 작은 블록 같은 '셀'들이 모여서 만들어져요.
'셀'은 전기를 만드는 가장 작은 단위라 만드는 양이 너무 적어요.
그래서 여러 개의 셀을 판처럼 연결한 '모듈'로 전기를 만들어요.
더 많은 전기를 만들려면 여러 개의 모듈을 가로나 세로로 연결한
'어레이'를 사용해요. 태양 전지는 지붕, 벽, 유리창, 베란다 등
다양하게 설치할 수 있지요.

어레이
셀
모듈

들판이나 지붕, 산비탈에 있는 태양 전지를 본 적 있나요?
태양 전지는 살짝 기울어져 있어서 햇빛을 많이 모을 수
있어요. 태양의 움직임에 따라 돌아가는 태양 전지도
있지요. 가정에서 조명, 전기 제품, 난방에
이용하기도 하고, 공장이나 인공위성을
움직이는 데에도 쓰여요.

꼬마지식

태양 빛은 없어질 염려가 없는
재생 에너지원이에요. 하지만 기후나 날씨에 따라
만들어지는 전기의 양이 달라요.
흐린 날, 비 오는 날 그리고 밤에는 빛을
모을 수 없기 때문이에요.

우리 집의 전기

집에서 쓰는 전기는 전봇대나 땅속에 묻혀 있는
굵은 전선으로 들어와 전력량계로 이어져요. 전력량계는
집집마다 설치되어 있고, 집에서 사용하는 전기의
양을 표시하지요. 집 안으로 들어온 전기는
벽과 바닥, 천장에 숨겨져 있는 전선을
통해 흘러 콘센트로 이어져요.
전기 제품의 플러그를 콘센트에
꽂으면 사용할 수 있답니다.

전력량계

에너지를 아껴요

전기를 아껴 쓰면 그만큼 적게 만들어도 돼요.
그럼 석탄, 석유 등을 덜 사용해서 환경을
보호할 수 있어요. 또 전기를 만드는 데
드는 비용도 줄일 수 있지요. 전기를
아끼려면 어떻게 해야 할까요?

전등 바꾸기
형광등이나 백열등을 엘이디등으로 바꿔요.
그럼 더 밝게 오래 사용할 수 있어요.
또 온실가스도 엄청나게 줄일 수 있지요.

알맞은 실내 온도에서 지내기
여름에는 에어컨 사용을 줄여요. 겨울에는
난방을 적게 틀고 스웨터를 입어요.

샤워 짧게 하기
물을 데울 땐 전기가 많이 쓰여요. 되도록
목욕보다 샤워를 하고 샤워는 짧게 해요.

쓰지 않는 전기 플러그 뽑기

전기 제품 플러그를 꽂아 두면
스위치를 꺼도 계속 전기가 소모돼요.
쓰지 않을 땐 코드를 빼거나 멀티탭을
사용해 스위치를 꺼요.

전등 끄기

햇빛이 환하게 들어오거나
사람이 없는 방의 전등은
꼭 끄도록 습관을 들여요.

문과 창문 잘 닫기

냉난방을 할 땐 문과 창문을 꼭 닫아요.
그리고 문과 창문 틈새를 잘 막으면
에너지 비용을 많이 절약할 수 있어요.

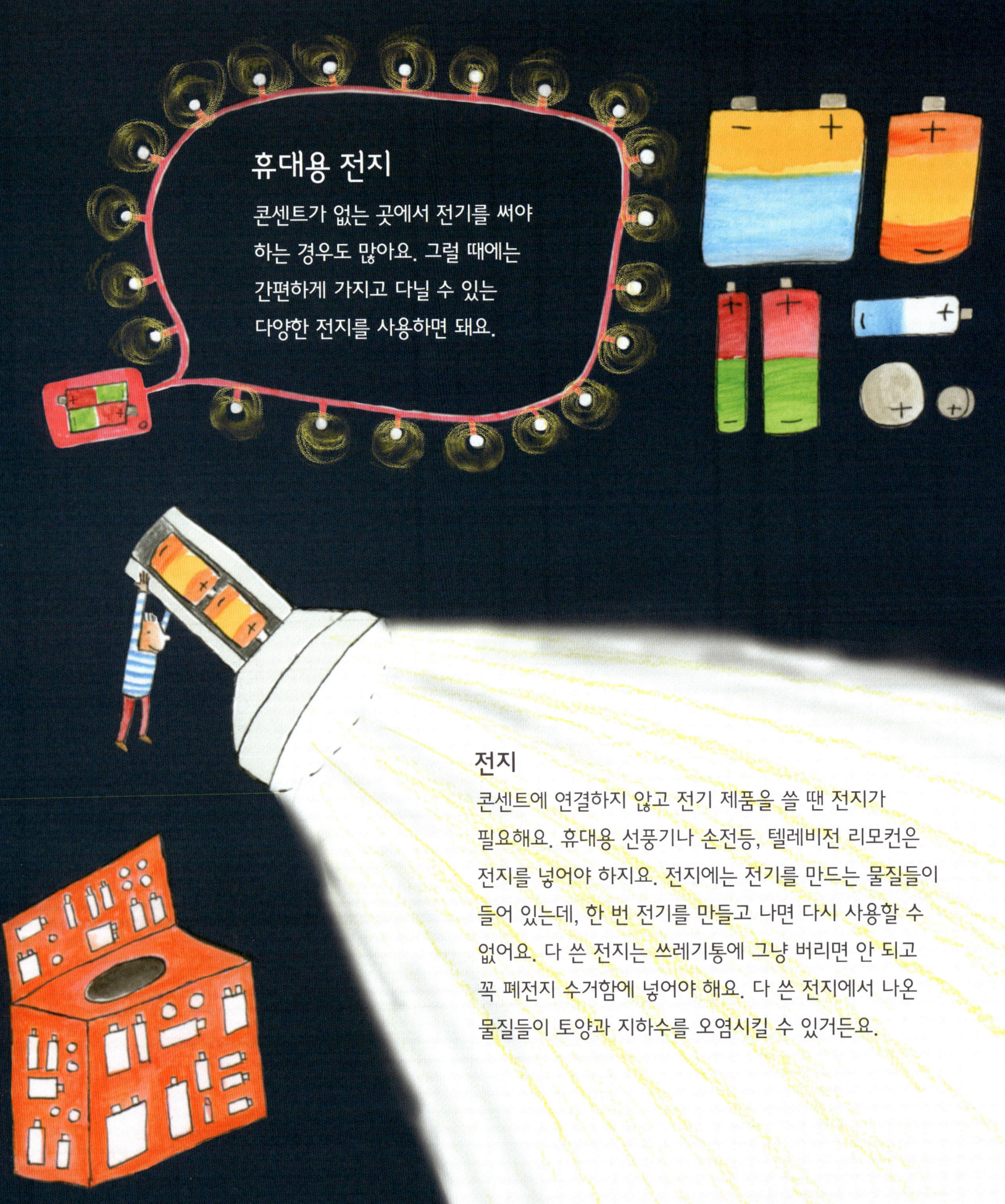

휴대용 전지

콘센트가 없는 곳에서 전기를 써야 하는 경우도 많아요. 그럴 때에는 간편하게 가지고 다닐 수 있는 다양한 전지를 사용하면 돼요.

전지

콘센트에 연결하지 않고 전기 제품을 쓸 땐 전지가 필요해요. 휴대용 선풍기나 손전등, 텔레비전 리모컨은 전지를 넣어야 하지요. 전지에는 전기를 만드는 물질들이 들어 있는데, 한 번 전기를 만들고 나면 다시 사용할 수 없어요. 다 쓴 전지는 쓰레기통에 그냥 버리면 안 되고 꼭 폐전지 수거함에 넣어야 해요. 다 쓴 전지에서 나온 물질들이 토양과 지하수를 오염시킬 수 있거든요.

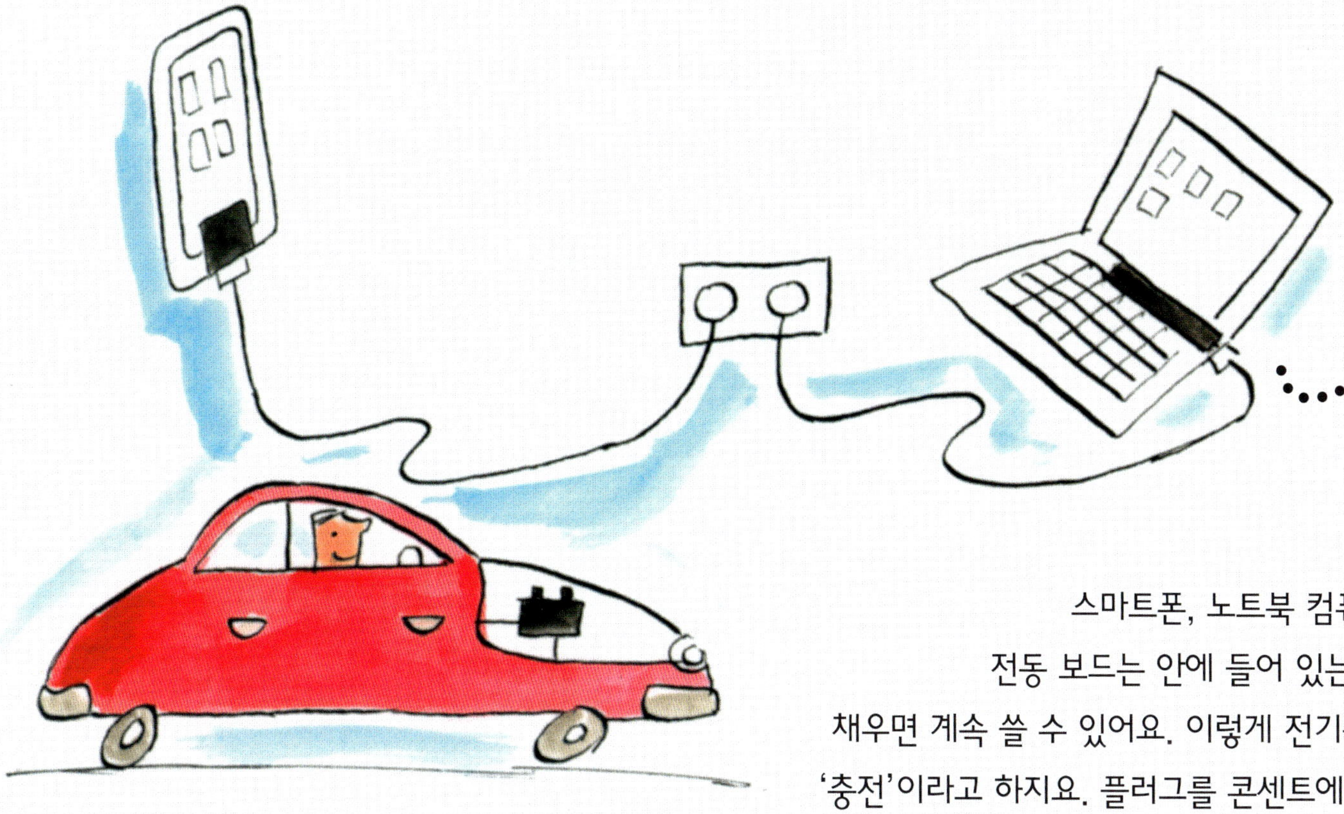

충전지

스마트폰, 노트북 컴퓨터, 전기 자전거,
전동 보드는 안에 들어 있는 충전지에 전기를
채우면 계속 쓸 수 있어요. 이렇게 전기를 채워 넣는 것을
'충전'이라고 하지요. 플러그를 콘센트에 꽂으면 충전돼요.

태엽

전기 제품 중에는 별도의 건전지나 충전지가
필요 없이 태엽을 이용하는 것도 있어요.
태엽은 얇고 긴 강철 띠를 달팽이처럼 돌돌
말았다가 원래 상태로 풀리려는 힘으로 손전등과
라디오에 있는 작은 발전기에서 전기를 만들어요.
그래서 빛을 밝히거나 라디오의 소리가 나지요.

꼬마지식

자동차에도 충전지가 들어 있어요.
엔진 시동에 필요한 충전지인데, 자동차가 달리는 동안
생기는 전기로 충전되지요. 전기 자동차는 휘발유, 경유 같은
화석 연료 대신 배터리의 전기를 이용해 달려요.
배기가스가 나오지 않아 친환경적이에요.

시끌시끌 전기 제품들

전화기는 따릉따릉
세탁기는 윙윙 윙윙
커피 머신은 쪼르륵쪼르륵
전자레인지는 삑삑 삑삑

드라이어는 휘잉 휘잉
프린터는 드륵드륵
청소기는 돌돌돌 돌돌돌
텔레비전은 와글와글

도레미

딩동

전기를 직접 만들어요

준비물
풍선, 전구, 아무것도 바르지 않은 마른 머리카락 또는 스웨터, 어두운 장소

방법

① 풍선을 불어서 꼭지를 묶어요.

② 풍선과 전구를 들고 어두운 곳으로 가요.

③ 마른 머리카락이나 스웨터에 풍선을 대고 쓱쓱 여러 번 문질러요.

④ 풍선 가까이 전구를 갖다 대면 불이 잠깐 켜질 거예요.

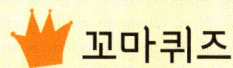 꼬마퀴즈

1. 우리 집에는 어떤 전기 제품이 있나요?
   3가지 이상 찾아보아요.

2. 에너지는 무엇인가요?

3. 태양 에너지는 무엇으로 에너지를 만드나요?

4. 풍력 발전기는 주로 어디에 세우나요?

5. 태양 전지로 전기를 만들 수 없는 때는 언제일까요?

6. 화력 발전소에서는 무엇을 태워 발전기를 돌리나요?

7. 어떻게 하면 에너지를 아껴 쓸 수 있을까요?

8. 콘센트에 연결하지 않고도 전기를 쓸 수 있나요?

👑 꼬마 퀴즈 정답

1. 스마트폰, 컴퓨터, 전자레인지, 텔레비전, 공기 청정기 등

2. 사람이나 기계가 움직일 수 있는 능력

3. 태양

4. 강한 바람이 부는 탁 트인 벌판이나 바다, 높은 산

5. 흐린 날, 비 오는 날, 밤에는 태양 빛이 없어 전기를 만들 수 없어요.

6. 화석 연료나 쓰레기 등

7. 추운 겨울에는 두툼한 옷 입기, 쓰지 않는 전기 제품은 플러그 빼기, 전등 끄기, 샤워 짧게 하기, 전등 바꾸기, 문과 창문 잘 닫기 등

8. 네. 전지나 태엽, 자전거 발전기 등을 사용하면 돼요.

안전한 전기 사용

전기를 안전하게 사용하려면
정해진 안전 규칙을 지켜야 해요.

- 콘센트를 함부로 건드리면 안 돼요. 또 하나의 콘센트에 여러 개의 플러그를 꽂아 사용하지 않아야 해요. 감전되거나 불이 날 수 있어요.

- 젖은 손으로 플러그 또는 콘센트를 만지면 절대 안 돼요. 우리 몸으로 전류가 흘러 감전될 수 있어요.

- 전기 제품은 사용한 뒤 전원을 끄는 것이 좋아요. 그리고 물에 젖지 않도록 주의해야 해요.

- 전기 제품를 고칠 때에는 꼭 플러그를 뽑아야 해요. 그렇지 않으면 감전될 수 있기 때문이에요.

- 벗겨지거나 늘어난 전선은 사용하지 말아야 해요. 특히 구리 선이 겉으로 드러난 전선은 절대로 건드리면 안 돼요.

우리나라의 다양한 발전소

우리나라에서는 전기를 만들기 위해
다양한 발전소를 운영하고 있어요.

화력 발전소는
석탄과 중유, 천연가스,
폐기물 등의 연료를 태워
생기는 에너지로 전기를
만들어요.

원자력 발전소는
원자핵을 쪼개어 발생한
열에너지로 증기를
만들고 발전기를 돌려요.

수력 발전소는
물이 낮은 곳으로
떨어지는 힘을 이용해
발전기를 돌려요.

조력 발전소는
바다의 밀물과 썰물의
차이를 이용하여 전기를
만들어요.